AF601138

9 FEVR. 1877

9 Février 1877

99 P

Vente des Vendredi 9 et Samedi 10 Février 1877

SALLE N° 8

BELLE COLLECTION

OBJETS D'ART

ET DE

HAUTE CURIOSITÉ

ARMES ANCIENNES

Appartenant à M. X***

EXPOSITION PUBLIQUE : le Jeudi 8 Février 1877

DE UNE HEURE A CINQ HEURES.

Me CHARLES PILLET	M. CHARLES MANNHEIM
COMMISSAIRE-PRISEUR,	EXPERT,
10, rue de la Grange-Batelière.	7, rue Saint-Georges.

CATALOGUE

D'UNE BELLE COLLECTION

DE

OBJETS D'ART

ET DE

HAUTE CURIOSITÉ

Belles Armes et Armures du XVIe siècle parmi lesquelles ont remarque
LA DAGUE DE MARIAGE DU ROI HENRI IV ;
ÉMAUX DE LIMOGES, tels que : Coffrets, Buire, Plaques, etc.,
par Nardon Pénicaud, Léonard Limosin, Jean Courtois, etc., etc. ;
BELLE COUPE en faïence de GUBBIO à reflets métalliques ;
FAIENCES de BERNARD PALISSY ; Verrerie de Venise ;
Belle Collection de Vitraux des XVIe et XVIIe siècles ;
Bronzes d'art ; Orfévrerie ; Sculptures en bois et en ivoire des XIVe, XVe XVIe siècles ;
Bijoux ; Reliquaire vénitien du XVIIe ; Manuscrits ; Objets variés du XVIe siècle ;
Meubles et Panneaux en bois sculpté du XVIe siècle ;
Tryptique par Lucas de Leyde ; Jolie Tapisserie du XVIe siècle ;
Tapis persan.

Appartenant à M. X***

ET DONT LA VENTE AURA LIEU

HOTEL DROUOT, SALLE N° 8

Les Vendredi 9 et Samedi 10 Février 1877

A DEUX HEURES.

Par le ministère de Me **CHARLES PILLET**, Commissaire-Priseur
10, rue de la Grange-Batelière,

Assisté de **M. CHARLES MANNHEIM**, Expert, 7, rue Saint-Georges.

Chez lesquels se trouve le présent Catalogue.

EXPOSITION PUBLIQUE : Le Jeudi 8 Février 1877

De une heure à cinq heures

CONDITIONS DE LA VENTE.

Elle sera faite au comptant.

Les acquéreurs payeront en sus des adjudications, *cinq pour cent* applicables aux frais.

L'exposition mettant le public à même de se rendre compte de l'état des objets, il ne sera admis aucune réclamation une fois l'adjudication prononcée.

Paris. — Typ. PILLET et DUMOULIN, 5, rue des Grands-Augustins.

DÉSIGNATION DES OBJETS

ARMES

1 — La dague de mariage du roi Henri IV.

La poignée et la lame offrent un riche décor d'or et sont incrustées de petits médaillons ovales en nacre sculptée ou gravée. Toutes les parties de la pièce portent le chiffre couronné du roi, les armes de France, des fleurs de lis ainsi que quantité d'inscriptions en vieux français.

Le pommeau présente deux médaillons de nacre; sur l'un, se trouve une main dont le fond est occupé par un œil, on lit au pourtour : Prvdence mesvre la fin de tovte chose. Sur l'autre, on voit une main tenant une plume et la devise : Je résiste a la force.

Sur les quillons courbes et sur l'anneau de la garde, on lit les inscriptions suivantes disposées comme suit :

A cet Henri vainqueur
Departent le bonheur
Ordinaire aux mervelles
Ces astres plus fidelles.

La lame porte sur une de ses faces et au talon, le chiffre du roi ainsi que deux sceptres fleurdelisés et un glaive, le tout relié par des rubans. A la pointe, on lit : VICTORIA REGIS.

L'autre face de la lame présente au talon deux H conjuguées surmontées de la couronne royale. Dans sa longueur, on lit les inscriptions suivantes disposées ainsi :

JUPITER ET VÉNVS SONT D'HEVREVSE INFLVENCE
SATVRNE AVEC ..LS MARS TRÈS MALINGS ET PERVERS
. . . . . LE SOLEIL ET LA LVNE EN PVISSANCE
. . . . TOVJOVRS GOVVERNENT L'VNIVERS.

Cette pièce remarquable est un précieux spécimen de l'art français au XVIe siècle; elle réunit à l'intérêt historique, l'élégance de sa forme et le fini de son travail.

L'épée qu'elle accompagnait se trouve au musée d'artillerie.

2 — Belle épée du XVIe siècle à garde à quillons droits et pommeau en fer richement incrusté d'argent ciselé. Le talon de la lame offre également des incrustations d'argent.

3 — Belle rapière à lame quadrangulaire évidée au talon et à garde à longs quillons droits à torsades et à large corbeille composée de rinceaux finement ciselés et repercés à jour. XVIe siècle.

4 — Autre rapière à garde à corbeille décorée de bustes en relief, d'oiseaux, de cariatides et d'ornements repercés à jour. Les quillons sont droits et le pommeau est découpé à jour. La lame porte le nom : SEBASTIAN ERNANDES. XVIe siècle.

5 — Autre rapière à garde à corbeille décorée de bustes en relief, de trophées d'armes et d'ornements repercés à jour.

6 — Belle épée à triple garde, quillons droits à pans et pommeau à côtes richement damasquinés d'or. XVIe siècle.

7 — Autre épée à longue lame, poignée à triple garde et quillons droits en fer damasquiné d'argent.

8 — Rapière à garde à corbeille à recouvrement finement ciselée et repercée à jour. La poignée et les quillons sont à torsades et la fusée est repercée. XVIIe siècle.

9 — Grand bouclier en fer à côtes rayonnantes et ornements gravés conservant des traces de dorure. Il est garni d'une pointe à son centre.

10 — Paire d'éperons du XVIe siècle en fer taillé et conservant des traces de dorure.

11 — Porte-mèche du XVIe siècle en fer à mascarons en relief et portant des traces de dorure.

11 — Hallebarde gravée portant les armes de France et de Navarre.

13 — Pertuisane portant des traces de gravure et de dorure.

14 — Deux petites hallebardes ou lances portant les armes de Savoie.

15 — Très-beau morion en fer gravé à figures et ornements et doré en partie. xvie siècle. 1220—

16 — Autre morion en fer doré et gravé, décoré de bustes, d'attributs et de bandes ornées. Même époque.

17 — Casque à visière gravé à attributs et ornements. xvie siècle.

18 — Casque à visière en fer poli. Même époque.

19 — Cuirasse d'enfant finement gravée et dorée et portant sur la poitrine une croix de Malte polie. xvie siècle.

20 — Demi-armure décorée de bandes d'ornements et de bustes gravés; Allemagne, xvie siècle.

21 — Demi-armure analogue à celle qui précède.

22 — Bouclier en fer à mufle de lion en relief. XVIe siècle.

23 — Autre bouclier en fer gravé à trophées d'armes et ornements. Même époque.

24 — Deux colletins en fer gravé et doré.

25 — Arbalète enrichie d'incrustations d'os gravé à figures. Elle est accompagnée de son cranequin en fer gravé à figures et ornements. XVIe siècle.

26 — Trois batteries de fusil à pierre, dont une double décorée de figures et d'ornements ciselés et repercés à jour. XVIIe siècle.

27 — Pommeau d'épée en fer ciselé en haut-relief représentant les sujets du Calvaire et de la Résurrection. Beau travail du XVIe siècle.

28 — Autre pommeau d'épée en fer à cariatides et mascarons en relief. Même époque.

29 — Joli pulvérin en cuivre repoussé, gravé et doré, à figures et trophées d'armes. Les attaches sont formées de mufles de lions.

30 — Poignard et deux petits couteaux dans un fourreau en cuivre repercé à jour représentant la Danse macabre.

31 — Paire d'éperons en fer gravé et doré. XVIe siècle.

32 — Trousse orientale contenant deux couteaux à manches en argent ciselé et niellé. La gaîne est de même travail.

33 — Joli couteau de pied à lame gravée et dorée et manche en bois incrusté de cuivre gravé. Daté de 1568.

34 — Couteau de veneur à manche en os garni en cuivre gravé. XVIe siècle.

35 — Petit couteau du XVIe siècle à manche en nacre se terminant par un petit lion assis en fer ciselé et doré.

36 — Poignard à lame gravée et fusée cannelée.

37 — Poignard à lame courbe en fer gravé et doré et manche en bois sculpté. XVIe siècle.

OBJETS EN FER.

38 — Clef à tige quadrangulaire et à rosace en fer ciselé à mascarons et découpée à jour. XVIe siècle.

39 — Petit coffret de forme rectangulaire à couvercle bombé en fer damasquiné d'or.

40 — Coffret de même forme en fer gravé et doré.

41 — Fermoir d'escarcelle en fer damasquiné d'or et d'argent. xvie siècle.

42 — Carnet en fer gravé et découpé à jour, décoré de figures d'amours et de rinceaux. Le dos est damasquiné d'or. xviiie siècle.

43 — Serrure en fer de forme contournée et à plaque découpée.

44 — Belle serrure gothique en fer forgé et découpé.

ÉMAUX DE LIMOGES

45 — Grand et beau coffre de forme oblongue et à couvercle cintré composé de sept plaques peintes en émaux de couleurs et sur paillons rehaussées d'or. xvie siècle.

Les plaques du pourtour représentent les sujets suivants : la Création des animaux, la Création de l'homme, la Création de la femme, Adam et Ève dans le paradis, Adam et Ève tentés par le serpent et Adam et Ève chassés du paradis. Ces deux derniers sujets décorent la plaque cintrée du couvercle. Trois des plaques du pourtour portent un écusson armorié.

La monture de ce coffre est en bois doré, les angles sont ornés de colonnettes décorées d'arabesques noires sur fond d'or.

Haut., 22 cent.; larg., 26 cent.

46 — Coffret de forme rectangulaire à couvercle en toit composé de treize plaques décorées en émaux de couleurs sur fond bleu et représentant des sujets mythologiques et allégoriques. La plaque du dessus offre deux cariatides d'enfants tenant un vase et se terminant par des rinceaux. La plupart des plaques portent des inscriptions en vieux français.

La monture à pilastres ciselés est en bronze doré. Une petite plaque d'entre-deux porte l'inscription suivante divisée par syllabes : Integrite t'a Honorée. xvie siècle.

Haut., 11 cent.; larg., 17 cent.

47 — Belle buire de forme antique à décor en grisaille sur fond noir, chaires teintées, par Jean Courtois.

La partie inférieure de la panse ovoïde représente divers sujets bibliques et la partie supérieure des jeux de tritons et de naïades.

La gorge du vase, émaillée blanc à l'intérieur, porte les initiales I. C.

48 — Jolie plaque de forme cintrée. — Peinture en émaux de couleurs et or rehaussée de points d'émail imitant les pierres précieuses, attribuée à Nardon Pénicaud.

Elle représente le sujet de la Nativité.

Cadre en argent à perles en relief.

Haut., 17 cent.; larg., 13 cent.

49 — Grand tableau carré. Peinture en émaux de couleurs rehaussée d'or de l'école de Pénicaud. Premières années du XVIe siècle.

L'Adoration des rois Mages.

Cadre en cuivre doré et tablette de velours.

Haut. sans le cadre, 25 cent.; larg., 18 cent.

50 — Deux belles plaques rectangulaires. — Peintures en émaux de couleurs et sur paillons attribuées à JEAN II PÉNICAUD.

Elles représentent des scènes tirées de la vie de saint Martial.

Cadres en bois sculpté et doré avec plaques d'émail.

Haut. totale, 25 cent.; larg., 31 cent.

51 — Belle plaque ovale légèrement bombée. — Peinture en émaux de couleurs, par JEAN COURTOIS, et portant les initiales de l'artiste.

Elle représente un Guerrier guidant une charrue traînée par deux bœufs.

Cadre à moulure ornée en cuivre doré.

Haut. totale, 20 cent.; larg., 26 cent.

52 — Plaque rectangulaire. — Peinture en grisaille, chaires légèrement teintées, attribuée à PIERRE RAYMOND.

Elle représente le sujet de l'Enlèvement d'Hélène.

Dans un cadre en bois noir à moulure dorée.

Haut. sans cadre, 10 cent.; larg., 18 cent.

53 — Baiser de paix. — Peinture en émaux de couleurs et rehaussée d'or, attribuée à Pierre Raymond.

Le Christ en croix, entouré de saintes femmes et de cavaliers.

Monture en cuivre doré.

Haut., 13 cent.; larg., 10 cent.

54 — Plaque ovale. — Peinture en émaux de couleurs sur fond bleu étoilé d'or, attribuée à Pierre Raymond.

Elle représente la Vierge assise sur un trône et tenant l'enfant Jésus debout sur ses genoux. A droite et à gauche un ange debout tenant un flambleau ; au-dessus, deux anges tiennent une couronne.

Cadre en cuivre à moulure ornée.

Haut., 16 cent.; larg., 12 cent.

55 — Assiette. — Peinture en émaux de couleurs et sur paillons, attribuée à Pierre Raymond.

Elle représente à l'intérieur le sujet de la lapidation de saint Étienne, le bord offre des dragons et des rosaces sur fond noir.

L'extérieur, peint en grisaille sur fond noir, offre un cartouche composé de têtes de chérubins, de groupes de fruits et d'ornements et dont le centre est occupé par un buste de femme.

Diam., 19 cent.

56 — Enseigne de chapeau. — Peinture en émaux de couleurs sur fond noir. XVIe siècle.

Elle représente une femme debout tenant un chien en laisse.

Le bord, réservé en blanc, porte une inscription.

Haut., 45 mill.; larg., 49 mill.

57 — Plaque carrée. — Peinture en grisaille sur fond noir pointillé d'or.

Elle représente deux personnages sur des nuages.

58 — Coffret rectangulaire à couvercle en toit, en cuivre gravé et doré, garni de quatorze plaques d'émail décorées de branches de fleurs à paillons sur fond noir, qui datent du XVIe siècle.

Haut., 15 cent.; larg. 19 cent.

59 — Boîte à hosties de forme cylindrique en ivoire, décorée d'animaux et d'oiseaux peints en couleurs et or et garnie de ses charnières et fermoir en cuivre conservant des traces de dorure. XIVe siècle.

Haut., 12 cent.; diam., 12 cent.

FAIENCES ITALIENNES

60 — Fabrique de Gubbio. — Belle coupe ronde à décor en relief et à reflets métalliques rouge rubis, mordorés et bleu nacré rehaussé de bleu. Elle offre au centre deux mains enlacées placées au-dessus de flammes et

surmontées d'un cœur percé d'une flèche. Le pourtour offre des dauphins et des fruits.

Cette pièce porte au revers l'initiale N.

61 — Faïence italienne. — Petite corbeille ronde émaillée vert, offrant au centre une figure d'amour debout sur fond jaune.

62 — Même faïence. — Petit plat orné de fleurs de lis.

FAIENCES DE PALISSY

63 — Fabrique de Bernard Palissy. — Coupe ronde offrant en bas-relief le sujet du Jugement de Salomon. Le bord est décoré de palmettes et de fleurons alternés de nuances.

Diam., 25 cent.

64 — Même fabrique. — Petite coupe ronde représentant un sujet mythologique à deux personnages. Le fond est décoré d'ornements blancs sur fond bleu.

Diam., 24 cent.

65 — Même fabrique. — Deux bras-appliques formés chacun d'un buste de chérubin émaillé en couleurs et dont les bras sont disposés pour porter une lumière.

66 — Même fabrique. — Beau plat rond dit aux mascarons.

Belle épreuve.

VERRERIE DE VENISE

67 — Coupe ronde sur piedouche en verre de Venise incolore, décorée d'écailles d'or rehaussées de points d'émail bleu, rouge et vert. XVIe siècle.

68 — Coupe ronde analogue à celle qui précède; le fond de celle-ci a des nervures saillantes et le pied a une bordure d'émail bleu. XVIe siècle.

69 — Petite coupe ronde sur piédouche bas en verre incolore, décorée d'ornements en or et émail et portant un écusson armorié surmonté d'un chapeau de cardinal. XVIe siècle.

70 — Plateau rond en verre de Venise incolore, offrant au centre une rosace entourée de rayons exécutés en or et émail. XVIe siècle.

71 — Plateau rond en verre de Venise à nervures saillantes dorées et bordure à écailles d'or et émail. XVIe siècle.

72 — Broc à une anse en verre de Venise portant un écusson armorié et des ornements émaillés. XVIe siècle.

73 — Petite coupe ronde en verre de Venise offrant au centre les armes des Médicis surmontées de la tiare et des clefs de saint Pierre. XVIe siècle.

74 — Deux petits plateaux ronds à nervures saillantes, décorés d'imbrications en or et émail. XVIe siècle.

75 — Petit plateau sur piédouche en verre de Venise bleu uni. XVIe siècle.

76 — Deux petites coupes ou plateaux sur piédouche en verre opalin de Venise.

77 — Sucrier à couvercle en verre filigrané de Venise et rehaussé d'émail rose et blanc.

78 — Plateau rond en verre filigrané de Venise.

79 — Grand broc en verre de Venise incolore décoré d'ornements émaillés et d'or. XVIe siècle.

80 — Joli vase en verre bleu à deux anses et à couvercle en verre incolore. XVIe siècle.

VITRAUX

81-102 — Jolie collection de quarante-neuf beaux vitraux suisses ou allemands des XVIe et XVIIe siècles de forme ronde, carrée ou contournée, et représentant des figures de guerriers debout portant des étendards, des sujets bibliques, des sujets profanes et des sujets religieux. Ils seront vendus séparément ou par deux.

5246 —

BRONZES D'ART

103 — Buste de profil en bas-relief et sans fond du roi Henri II, grandeur nature. Bronze muni d'une belle patine brune rapporté sur une plaque ovale en marbre rougeâtre.

104 — Groupe en bronze : Enfant monté sur un cheval marin placé au milieu de rochers. XVIe siècle.

105 — Groupe en bronze représentant l'Enlèvement de Déjanire par le Centaure. XVIIe siècle. Il est monté sur un socle en serpentin d'Égypte.

Haut., 43 cent.;

106 — Jolie statuette en bronze. Mercure, d'après Jean de Bologne.

Haut., 63 cent.

107 — Statuette de gladiateur debout en bronze. XVIe siècle.

Haut., 40 cent.

108 — Joli médaillon rond en bronze offrant en bas-relief la figure d'un silène et d'une bacchante ainsi que divers attributs. Reproduction ancienne du célèbre médaillon de Donatello actuellement au musée du South Kensington.

109 — Jolie figure de Vénus nue couchée. Bronze italien du XVIe siècle.

110 — Statuette en bronze d'après Pigale. — Montaigne assis. Socle en marbre jaune de Sienne avec monture en bronze vert.

Haut. totale, 34 cent.

111 — Marteau de porte en bronze. Il se compose de deux dragons reliés par un mascaron sur lequel est assis un petit génie. Travail italien du XVIe siècle.

112 — Statuette en cuivre. — Personnage debout en riche costume du temps de Henri IV. Travail du temps.

113 — Deux petites statuettes en bronze : Hercule et Neptune debout, sur socles en marbre vert antique.

ORFÉVRERIE

114 — Beau plat rond en argent repoussé représentant les figures allégoriques de la terre et de l'eau. Dans le haut est le Père éternel. Le bord offre des ornements élégants s'échappant d'un mascaron.

115 — Vase à couvercle en argent doré, repoussé à bossages; le pied est formé d'un tronc d'arbre sur lequel est un bûcheron; sur le couvercle est un petit guerrier debout. XVIIe siècle.

116 — Ceinture en argent, composée d'un triple rang de gourmette, d'appliques ornées repercées à jour et d'une agrafe ornée de figures en bas-relief. XVIe siècle.

117 — Deux plaques rectangulaires en cuivre repoussé et doré à figures. XVIe siècle.

118 — Encensoir en argent repoussé et gravé. XVIe siècle.

119 — Calice en argent doré à nœud composé d'entrelacs à jour et travaillé au grènetis. La coupe et le pied sont décorés de figures et d'arceaux gravés et le pied est enrichi de médaillons ronds rapportés, représentant des sujets religieux exécutés en relief. XIVe siècle.

Haut., 20 cent.

SCULPTURES EN IVOIRE

120 — Ivoire.— Valve de miroir sculptée en bas-relief et représentant un sujet tiré du roman de la Rose. Les angles sont occupés par des dragons. XIVe siècle.

Diam., 8 cent.

121 — Ivoire. —Tablette consulaire représentant le Christ assis tenant le livre de la loi. Les angles offrent des figures d'anges.

Haut., 17 cent., larg., 10 cent

122 — Ivoire. — Diptyque sculpté en haut-relief. Le volet droit représente le Christ en croix, entre Madeleine et saint Jean et le volet gauche, la Vierge debout portant Jésus entre deux anges. Ces scènes sont placées sous des arceaux en ogive. XVe siècle.

Haut., 12 cent.; larg. totale, 13 cent.

123 — Ivoire. — Belle plaque provenant d'une reliure de livre et représentant en deux registres la Vierge et l'enfant Jésus et le Christ en croix. XIVe siècle.

Haut., 20 cent.; larg., 12 cent.

124 — Ivoire. — Petit diptyque, représentant les mêmes sujets que celui qui précède. Celui-ci est rehaussé de couleurs et d'or. Même époque.

Haut., 9 cent.; larg. totale, 11 cent.

125 — Ivoire. — Petit groupe.— La Vierge, assise et couronnée, tient l'enfant Jésus debout sur ses genoux et lui offre une fleur. XVe siècle.

Haut., 12 cent.

126 — Ivoire. — Petit groupe. — La Vierge assise allaitant l'enfant Jésus. XIVe siècle.

Haut., 12 cent.

127 — Ivoire. — Groupe.— La Vierge debout, portant un vêtement long, décoré d'ornements en relief, tient l'enfant Jésus assis sur son bras gauche. Le socle à pans est pris dans le bloc d'ivoire.

Haut., 32 cent.

128 — Ivoire. — Monument en bois d'ébène enrichi de colonnettes détachées et de sculptures en ivoire. Le sujet principal exécuté en haut-relief représente la Crèche. Au-dessus est le St-Esprit entouré de têtes de chérubins. Les chapiteaux des colonnes et des frises d'ornements sont également en ivoire. Ce monument est terminé à sa partie supérieure par une figure de Saint-Michel et deux figures d'anges. XVIIe siècle.

Haut., 62 cent.; larg., 32 cent.

129 — Ivoire. — Très-petit groupe. — La Vierge, debout et drapée, porte l'enfant Jésus sur son bras gauche. Travail du XVe siècle.

Haut., 06 cent.

130 — Ivoire. — Bas-relief de forme rectangulaire représentant la Circoncision et l'Adoration des rois mages.

Haut., 7 cent.; larg., 15 cent.

131 — Deux bas-reliefs : tablette de diptyque représentant la Vierge debout et petite plaque offrant une figure de femme debout sous un arceau à plein cintre.

132 — Ivoire. — Vidrecome formé d'un cippe représentant au pourtour le sujet de Diane surprise au bain par Actéon, exécuté en haut-relief. Monture en argent doré, enrichie de cariatides et d'appliques en ivoire. XVIIe siècle.

133 — Ivoire. — Petit vidrecome offrant au pourtour des figures d'enfants dans un paysage. Monture à anse en argent repoussé et doré. Même époque.

134 — Ivoire. — Figurine de bergère assise en costume Watteau, son chapeau est en bois. XVIIIe siècle.

135 — Ivoire. — Coffret rectangulaire entièrement couvert de plaques d'ivoire sculpté et repercé à jour. XVIIIe siècle.

136 — Ivoire. — Boîte de forme ovale et bombée couverte de figures et d'ornements et montée en argent. Travail indien.

137 — Ivoire. — Cuiller à manche composé d'ornements et se terminant par une cariatide de femme.

138 — Ivoire. — Petit médaillon rond, offrant en haut-relief une figure de cavalier armé de toutes pièces. Un écusson armorié décore le champ.

139 — Ivoire. — Petit médaillon ovale, sculpté sur ses deux faces. Il offre d'un côté la Vierge et l'enfant Jésus et de l'autre Saint-Joseph et Saint-Jean.

140 — Ivoire. — Petit buste de femme supposé être Henriette d'Entraigues.

141 — Ivoire. — Petit amorçoir, offrant en bas-relief le sujet de l'enlèvement de Proserpine par Pluton. XVIIe siècle.

142 — Ivoire. — Joli flacon, offrant au pourtour des jeux d'enfants, sculptés en bas-relief dans la manière de François dit le Flamand. Il est monté en or.

143 — Ivoire. — Christ incomplet du XIVe siècle.

SCULPTURES EN BOIS

144 — Bois. — Groupe. — La Vierge, debout, vêtue de long et couronnée, porte l'enfant Jésus assis sur son bras droit. A ses pieds est un croissant. XVIe siècle.

Haut., 27 cent.

145 — Bois. — Groupe. — La Vierge, debout sur un dragon ailé et posant le pied gauche sur une tête de mort, tient l'enfant Jésus entre ses bras. La robe de la Vierge a une bordure découpée à jour. XVIIe siècle.

Haut. sans le socle à moulures, 32 cent.

146 — Bois. — Médaillon rond, représentant la sainte Famille sculptée en bas-relief entourée de têtes de chérubins et d'un encadrement à óves et rinceaux. XVIIe siècle.

Diam. 11 cent.

147 Bois. — Médaillon rond offrant en bas-relief un buste de personnage vu de profil et portant un riche costume du XVIe siècle.

Diam. 0½ cent.

148 — Bois. — Groupe. — La Vierge, debout et drapée, porte l'enfant Jésus sur son bras gauche. XVIIe siècle. Cette pièce est malheureusement incomplète.

Haut., 29 cent.

149 — Bois. — Très-jolie statuette de Vierge. XVI. siècle.

150 — Joli groupe de deux personnages en bois de chêne sculpté, provenant d'un retable. La Vierge et saint Jean. XVIe siècle.

151 — Bois. — Beau panneau rectangulaire sculpté en haut-relief à vase de fleurs, cariatides, rinceaux et festons de fleurs. Il est signé W. G. Roger. XVIIIe siècle.

Haut., 65 cent.; larg., 83 cent.

152 — Bois. — Jolie figurine de paysanne portant une hotte en argent doré. La terrasse est garnie d'une monture en même métal. Travail flamand du XVIe siècle.

153 — Bois. — Groupe de trois figures : saint évêque debout, entre un démon et un personnage assis à ses pieds, figurant le vice et la vertu. XVIIe siècle.

BIJOUX

154 — Deux jolies enseignes de chapeaux en or représentant Charles Ier et Jacques Ier d'Angleterre. Elles sont rapportées sur un fond de velours et placées dans un cadre en argent gravé et découpé.

155 — Boîtier de montre de forme octogone allongée en cristal de roche, avec charnière et attache émaillées. XVIe siècle.

156 — Petite montre à pans en argent et cristal de roche.

157 — Montre ovale en argent du XVIe siècle; le pourtour est très-finement gravé à rinceaux et figures d'animaux; le cadran est en cuivre gravé à figures et ornements. Le mouvement porte le nom: P. Durant, à Rouen.

158 — Boîtier de montre de forme octogone en cristal de roche. Il contient un cadran en cuivre gravé. XVIe siècle.

159 — Mouvement de montre avec cadran en argent gravé.

160 — Petit étui en bois d'ébène garni en argent et orné à l'extérieur d'une miniature sur vélin représentant la

Réception d'un chevalier de l'ordre du Saint-Esprit par Henri II. Cet étui porte les initiales L. G. en argent découpé.

161 — Grande montre de voyage à réveil en cuivre ciselé doré et repercé à jour. Travail de la fin du XVIe siècle.

162 — Bague en argent niellé; au centre, un agneau héraldique.

163 — Médaillon en argent émaillé; d'un côté, la Vierge, de l'autre, une armoirie. XVIe siècle.

164 — Bague d'évêque en bronze doré; d'un côté la tiare, de l'autre les clefs de saint Pierre.

OBJETS VARIÉS

165 — Grand et beau cadre à moulures guillochées en ébène, incrusté de plaques d'argent décorées en émaux translucides à fleurs et rinceaux; il offre sur chacun de ses côtés un fronton orné d'une applique en argent repoussé et découpé, composée d'une tête de chérubin et de rinceaux. Le cadre, enrichi de pierreries, contient une peinture sur glace représentant une Sainte femme debout entourée d'anges.

Travail des dernières années du XVIe siècle.

Haut., 77 cent.; larg., 63 cent.

166 — Tableau d'autel en cuivre ciselé, gravé et doré, composé d'une façade d'aspect monumental enrichie de figures d'apôtres placées sous des arceaux à plein cintre, le tout ciselé en bas-relief repercé à jour et appliqué sur un fond de velours vert. La partie inférieure du tableau représente le sujet du Sacrifice d'Abraham et le Serpent d'airain finement gravé. Travail du XVIe siècle.

167 — Joli petit monument italien à fronton, en bois d'ébène incrusté de filets d'étain et de matières précieuses telles que : jaspe de Sicile, lapis, agate, et enrichi de deux colonnettes en prime d'améthyste avec embase et chapiteaux corinthiens en argent doré.

Ce monument offre à son centre une jolie peinture sur lapis représentant une Sainte femme en adoration devant l'enfant Jésus assis sur les genoux de sa mère.

Travail italien des premières années du XVIIe siècle.

Haut., 61 cent.; larg., 37 cent.

168 — Monument analogue à celui qui précède. Les colonettes de celui-ci sont en lapis-lazuli et la peinture qu'il contient, également sur lapis, représente le sujet de l'Assomption.

Haut., 59 cent.; larg., 35 cent.

169 — Coffret vénitien en marqueterie de bois et os, de forme rectangulaire et à couvercle à gorge. Il offre au pourtour une frise de bas-relief en os représentant des sujets de chasse.

Haut., 18 cent.; larg., 29 cent.

170 — Coffret de forme rectangulaire à couvercle bombé, en ivoire sculpté en bas-relief, à cariatides, fleurs, oiseaux et rinceaux. Il est garni en cuivre gravé et doré et enrichi de pierres gravées et de pierreries. XVIIe siècle.

Haut., 12 cent.; larg., 18 cent.

171 — Coffret rectangulaire à couvercle en toît, en ivoire uni, garni de ses parements en cuivre doré. XIVe siècle.

Haut., 12 cent.; larg., 20 cent.

172 — Curieux reliquaire en forme de monument hexagonal en cuivre doré, orné des figures des apôtres en bronze ciselé et doré placées dans des niches et supporté par des demi-colonnes gravées reposant sur de doubles lions couchés à une seule tête. Cette pièce est enrichie de rosaces et de coquilles émaillées blanc, et la frise du toit à gorge se détache sur un fond d'émail bleu. Travail vénitien du XVIe siècle. Vente Couvreur.

Haut., 38 cent.; diam.6, 5 cent.

173 — Beau plat rond en étain décoré de figures allégoriques, de mascarons, de cariatides et d'ornements en relief. Il offre au revers le buste de l'auteur en relief : CASBAR ENDERLEIN.

Diam., 46 cent.

174 — Grand plat rond et creux en cuivre jaune décoré

d'un large écusson armorié en relief. Travail allemand du xve siècle.

Diam., 63 cent.

175 — Quatre jolies miniatures à l'huile sur bois. — Portraits de femmes en riches costumes du xvie siècle attribués à Antonio de Moro. Dans des cadres en bois noir garnis d'ornements en cuivre doré. Ce lot sera divisé.

Haut. avec cadre, 14 cent.; larg., 11 cent.

176 — Châsse ou reliquaire de forme rectangulaire à couvercle en toit, en cuivre gravé et doré et enrichi d'appliques décorées de figures d'anges réservées sur fond d'émail bleu. xiiie siècle.

177 — Grande croix processionnelle en cristal de roche avec nœud en cuivre battu enrichi d'appliques en cuivre champlevé et émaillé du xiiie siècle.

178 — Petit flambeau pliant du xiiie siècle en cuivre champlevé et émaillé, décoré d'armoiries.

179 — Petite buire persane en cuivre finement gravé et conservant des traces d'incrustation d'argent.

180 — Cage de pendule de bureau de forme carrée à cadran horizontal, en bronze ciselé et doré, décorée de figurines, de cariatides et d'ornements en relief et enrichie de parties ajourées renfermant des figurines en haut-relief.

181 — Petit bas relief en marbre représentant Vénus endormie ; un amour placé près d'elle tient une draperie.

MANUSCRITS

182 — Petit manuscrit in-12 sur vélin, précédé du calendrier et enrichi de dix miniatures et encadrements ornés. XVIe siècle. Dans un étui en cuir portant le nom de M. Cartier.

183 — Manuscrit sur vélin du XVe siècle, précédé du calendrier et contenant dix-sept miniatures ; chaque page est enrichie d'encadrements ornés.

184 — Autre manuscrit sur vélin du XVe siècle. Celui-ci est enrichi de treize grandes et douze petites miniatures. Reliure en veau doré au fer.

185 — Manuscrit allemand contenant des sujets mythologiques ou allégoriques, ainsi qu'un grand nombre d'armoiries. Il porte la date de 1586.

MEUBLES

186 — Dessus de meuble en bois sculpté, fermant à deux portes et décoré de figures et d'ornements. Il est enrichi d'incrustations de marbre. École de Fontainebleau ou de Jean Goujon.

Haut.,80 cent.; larg., 96 cent.

187 — Deux portes de meuble en bois sculpté du XVIe siècle, décorées de figures et d'ornements et enrichies d'incrustations de marbre.

188 — Meuble bourguignon formant crédence en bois sculpté ; les portes sont décorées de figures et les angles sont ornés de figures en ronde bosse. Le soubassement à tiroir et à fond plein est supporté par deux figures debout.

Haut., 1 m. 53 cent.; larg., 1 m. 14 cent.

189 — Bahut en bois sculpté offrant sur sa face un beau panneau décoré de cariatides en haut-relief et une figure de Minerve placée sous un portique de forme monumentale.

Haut., 27 cent.; larg., 60 cent.

190 — Autre beau bahut en bois sculpté, décoré de rinceaux et offrant dans un médaillon le sujet de la lapidation de saint Étienne.

Haut., 86 cent.; larg. 1 m. 51 cent.

191 — Grande table à entre-jambes formé d'arcatures supportées par des colonnettes et à piliers ornés de colonnes torses et de lions couchés. La frise est décorée de rinceaux et de têtes d'enfants.

Haut., 1 m. 68 cent.; larg., 83 cent.

192 — Autre table à colonnes plus petite, mais très-élégante de forme. Le dessus est en velours rouge.

Haut., 1 m. 22 cent.; larg., 70 cent.

193 — Coffret gothique en bois sculpté avec ferrures du temps.

194 — Joli meuble à deux corps en noyer sculpté. Panneaux à ornements, fronton à armoiries. Le corps supérieur a conservé son ancienne garniture. XVIe siècle.

195 — Miroir avec large bordure en ébène à filets. Époque Louis XIII.

196 — Joli panneau de meuble en bois de chêne sculpté; au centre, saint Pierre; à droite et à gauche, deux cariatides de satyres.

197 — Cadre en ébène à moulures. Époque Louis XIII.

198 — Glace avec cadre à moulures d'ébène et plaque d'écaille. Époque Louis XIII.

199 — Beau fauteuil de style Louis XIII en bois sculpté, doré en partie couvert en velours rouge et à dossier surmonté de deux vases en bronze.

200 — Jardinière de forme ovale en cuivre rouge battu, décorée de godrons et montée sur un pied à quatre consoles en fer.

TABLEAUX

201 — Triptyque par Lucas de Leyde, provenant de la collection de M. le marquis du Blaisel.

Nous donnons ci-après l'extrait du catalogue de cette vente : « Le volet principal représente les Israé-« lites dansant, au son de divers instruments, autour « d'une colonne surmontée du veau d'or. — La scène « se passe au pied d'une montagne rocheuse et près « d'un bois. — Sur le devant, une grande quantité de « personnages, hommes, femmes et enfants, tous por-« tant de riches costumes du XVIe siècle ; ils boivent et « mangent, les uns debout, les autres assis à terre. — « Moïse et son frère Aaron apparaissent au milieu de « la montagne ; Moïse porte les tables de la loi et « témoigne son indignation ; une fumée précédant le « feu divin qui doit anéantir le faux dieu, sort de la « montagne. — Sur le volet de droite sont des couples « amoureux, des femmes et des enfants. — Sur celui de « gauche, des personnages de distinction causent et « des gens du peuple mangent près d'une tente. — « Rien ne manque à cette œuvre irréprochable : beaux « types de personnages, dessin correct, couleur bril-« lante et harmonieuse, conservation des plus parfaites. « Bois noir cintré. »

Haut., 92 cent.; larg. totale, 1 m. 26 cent

202 — Tableau par Breughel dit la Culotte, représentant une kermesse. Composition d'un grand nombre de figures en costumes du XVIe siècle. Sur bois.

Haut., 75 cent.; larg., 1 m. 07 cent.

TAPISSERIE, TAPIS

DENTELLE

203 — Très-jolie tapisserie fond amarante, à riche dessin dans le goût de Ducerceau. Au centre, sous un portique, la scène de l'Ange et de Tobie. Entourage et bordure à cariatides, mascarons, fleurs et animaux.

Haut., 3 m.; larg., 2 m. 30 cent.

204 — Tapis persan ancien à fond rouge.

Haut., 4 m. 75 cent., larg., 2 m. 15 cent.

205 — Beau volant de dentelle à rinceaux et ornements. Fin du XIVe siècle.

4 m. 30 cent. de longueur.

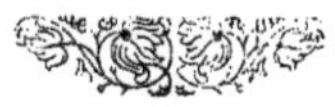

www.ingramcontent.com/pod-product-compliance
Ingram Content Group UK Ltd.
Pitfield, Milton Keynes, MK11 3LW, UK
UKHW020507180726
13839UKWH00004B/1944